Pequeña M
Little Mar ia

Luz Maria Mack • Vanessa Balleza

Pequeña María
Little María
© Luz Maria Mack, 2019
Illustrations / Ilustraciones
Vanessa Balleza

Edited by / Edición de textos
Mrs. Namiana Filión
Graphic design / Diseño gráfico
Clementina Cortés

*Para mi abuela Luz María Morel, y mis padres Benigno Antonio Filión
Joa y Namiana Altagracia Salcedo Filión.*

*Gracias por todos los bellos recuerdos de mi infancia
en República Dominicana.*

*For my grandmother Luz María Morel, and my parents Benigno
Antonio Filión Joa and Namiana Altagracia Salcedo Filión.*

*Thank you for all the beautiful childhood memories growing up
in the Dominican Republic.*

María es chiquita, juguetona y bonita.

María is petite, playful, and beautiful.

Las cosas que hacen feliz a María son:
ver el paisaje del campo.

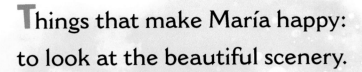

Things that make María happy:
to look at the beautiful scenery.

Cantar con los polluelos.

To sing with the baby chicks.

Pio
Pio
Pio

jugar con las mariposas,

to play with the butterflies,

jugar a las escondidas con sus hermanos y primos,

to play hide-and-seek with her siblings and cousins,

Subir árboles de mango a coger las frutas.

to climb up the mango trees and pick out the fruits.

María vive en un rancho con su familia. Su parte favorita de la casa es la galería porque le gusta tomar siestas en una mecedora.

María lives on a ranch with her family. Her favorite part of the house is the porch because she likes to take a nap on the rocking chair.

Durante la noche, a ella le encanta cenar con su familia, incluyendo a su madre, padre, hermanos, tíos, primos y vecinos.

Después de la cena, su familia se sienta en las mecedoras de la galería y pasan horas riéndose y contando chistes.

After dinner the family sits on rocking chairs on the porch, and spend hours laughing and telling jokes.

A la hora de dormir, su mamá y hermanos dicen sus oraciones juntos.

At bedtime, her mother and siblings say their evening prayers together.

Cada noche, María se acuesta feliz soñando con las aventuras que traerá el nuevo día.

Every night, María goes to bed dreaming of the adventures the new day will bring.

MUÑECA DE PAPEL PEQUEÑA MARÍA

Motiva creatividad y el uso de habilidades motoras

El libro incluye: 1 muñequita de papel, 1 vestido con capa, y 1 vestido con alas de mariposa.

✳ Colorear y cortar con cuidado

LITTLE MARÍA PAPER DOLL

Encourages creativity and fine motor skills

Book includes 1 paper doll, 1 dress with cape, and 1 dress with butterfly wings.

✳ Cut out carefully before coloring

NOTAS NOTES NOTAS NOTES NOTAS

Made in the USA
Lexington, KY
03 November 2019